USPRAWNIJ SWOJĄ DZIAŁALNOŚĆ POPRZEZ KAIZEN

KLUCZOWE INFORMACJE

- **Nazwy:** Kaizen, ciągłe doskonalenie, stopniowe doskonalenie.

- **Zastosowania:** Podejście to jest stosowane głównie w biznesie i ma na celu poprawę jakości wyjść w linii produkcyjnej poprzez wprowadzenie małych zmian w metodzie pracy. Może być również przeniesione do życia codziennego, ponieważ pozwala na małe i niedrogie ulepszenia.

- **Dlaczego jest to skuteczne?** Kaizen, który może obejmować wszystkie służby i wszystkich pracowników w firmie, okazał się skuteczny, ponieważ pozwala użytkownikom zwiększyć wydajność i jakość produktów poprzez skrócenie czasu oczekiwania i optymalizację procesu produkcyjnego. Na szerszą skalę poprawia warunki pracy w firmie.

- **Słowa kluczowe:**

  - <u>Ciągłe doskonalenie</u>: Koncepcja ta jest możliwa dzięki zastosowaniu narzędzi i metod, które są coraz bardziej wydajne i lepiej dostosowane do działalności firmy. Te narzędzia i metody są stale weryfikowane i optymalizowane, co prowadzi do drobnych zmian i nowych najlepszych praktyk.

USPRAWNIJ SWOJĄ DZIAŁALNOŚĆ POPRZEZ KAIZEN

Małe zmiany, duże nagrody

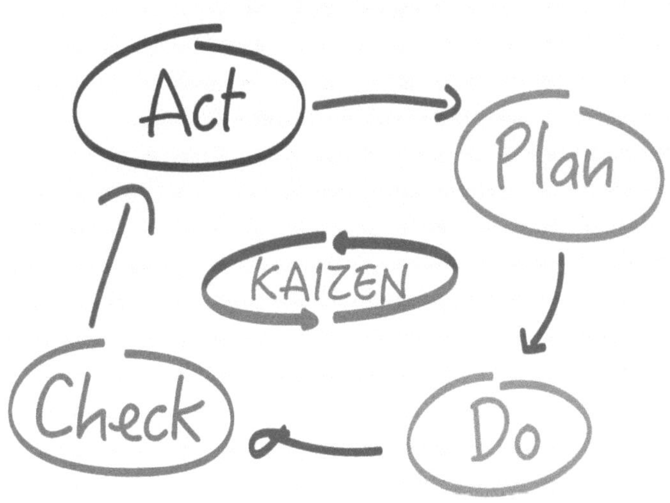

USPRAWNIJ SWOJĄ DZIAŁALNOŚĆ POPRZEZ KAIZEN

Małe zmiany, duże nagrody

napisany przez Antoine Delers
przetłumaczony przez Kâmil Kowalski

- Lean management: Japońska metoda zarządzania pracą, której celem jest ograniczenie marnotrawstwa (*muda*), przeciążenia pracą spowodowanego nieodpowiednimi procesami (*muri*) i niespójnością (*mura*) w firmie.

- System Produkcyjny Toyoty: Japońska metoda ogólnej organizacji pracy, której celem jest maksymalizacja jakości, redukcja wad i odpadów oraz inicjowanie ciągłego doskonalenia działalności. Ten typ organizacji pracy obejmuje lean manufacturing i Kaizen.

WSTĘP

Kaizen po raz pierwszy pojawił się w Japonii w latach 50. XX wieku, kiedy to inżynier Taiichi Ohno (1912-1990) stworzył Toyota Production System, czyli rodzaj organizacji pracy oparty na redukcji kosztów wraz z poprawą wydajności i jakości produktu. System Produkcyjny Toyoty obejmuje szereg narzędzi pozwalających na osiągnięcie wcześniej ustalonych celów w zakresie jakości, rentowności i redukcji kosztów. Należą do nich m.in. produkcja w systemie just-in-time oraz Kaizen.

DEFINICJA MODELU

Kaizen to podejście polegające na ciągłym doskonaleniu, które można zastosować na linii produkcyjnej. Od japońskich słów *Kai*, oznaczającego "zmianę", i *Zen*, oznaczającego "dobry" lub "lepszy", Kaizen opiera się na ciągłym dostosowywaniu istniejących narzędzi i procedur w celu poprawy ostatecznego wyniku. To podejście, które wymaga udziału wszystkich pracowników i kierowników, jest uważane bardziej za stan umysłu, niż rzeczywistą metodę. Obejmuje ono kilka innych narzędzi, które mogą być stosowane razem, takich jak PDCA, Total Quality Management i Single-Minute Exchange of Die.

Kaizen wywodzi się z Azji i oznacza zerwanie z systemem zachodnim w tym sensie, że jego celem są raczej małe usprawnienia niż duże innowacje. Wprowadzane zmiany są niewielkie i ciągłe, dlatego nie wymagają znacznych inwestycji. Podejście to stosowane jest głównie w organizacjach, w których panuje kultura przynależności, co jest typowe dla firm japońskich. W takich firmach wszyscy, od prezesa po zwykłych pracowników, dzielą tę samą lojalność i poczucie przynależności do swojej firmy. W związku z tym starają się wykonywać swoją pracę jak najlepiej, a więc ciągle ją doskonalić; taka koncepcja pracy przyczyniła się do ogromnego sukcesu firmy Toyota.

TEORIA

POCZĄTKI

Pod koniec II wojny światowej (1939-1945) Japonia była zdewastowana, a jej gospodarka legła w gruzach. Jej system, oparty wcześniej na podboju terytorialnym i sile armii, stracił na znaczeniu. Japonia postanowiła wykorzystać produkcję do ożywienia swojej gospodarki.

Ówczesny inżynier, Taiichi Ohno, zaproponował wówczas nową metodę organizacji pracy i określił jej podstawowe zasady. Metoda ta stała się znana jako Toyota Production System, od nazwy firmy, w której została po raz pierwszy wprowadzona. System ten jest uważany za ulepszenie tayloryzmu i fordyzmu, dwóch amerykańskich metod organizacji pracy, które opowiadają się raczej za usprawnieniami niż za innowacjami.

Oryginalność Kaizen polega na ogólnym zaangażowaniu całej firmy, od pracowników po procedury niezbędne do wytwarzania produktów. Każdy członek powinien uczestniczyć we wdrażaniu określonych wcześniej elementów, które mają na celu usprawnienie firmy. Kaizen często wiąże się z nadaniem uprawnień małym grupom pracowników, którzy spotykają się w celu zidentyfikowania powtarzających się problemów i znalezienia ich rozwiązań. Sugeruje się również zakładanie "skrzynek na sugestie" (na przykład skrzynki na listy umieszczonej w fabryce), aby umożliwić pracownikom przedstawianie swoich opinii, podkreślanie różnych istniejących problemów i proponowanie rozwiązań. Jeśli pomysł zostanie uznany za trafny, stanie się przedmiotem projektu powierzonego zespołowi odpowiedzialnemu za wdrażanie nowych praktyk.

Na koniec należy pamiętać, że jak wskazuje jego tłumaczenie, Kaizen, aby dobrze funkcjonować, musi być stale powtarzany. Nie wymaga wielkich inwestycji, a daje jedynie drobne usprawnienia, które optymalizowane przez lata pozwalają firmie zachować konkurencyjność i dążyć do ciągłego doskonalenia.

 ## INSTYTUT KAIZEN

Instytut Kaizen jest firmą konsultingową zajmującą się metodologią Kaizen, założoną w połowie lat 80-tych. Wspomaga i prowadzi firmy chcące poprawić swoje wyniki. W ten sposób wspiera klientów w ich projektach ciągłego doskonalenia, a jednocześnie rozwija i publikuje zasoby dotyczące nowych aspektów metody.

ZASTOSOWANIA W BIZNESIE

Gdy tylko Kaizen zostanie zastosowany w grupach roboczych, staje się prawdziwym projektem zespołowym: wprowadzane są skrzynki na sugestie i cotygodniowe spotkania, a metoda sugeruje również oferowanie nagród pracownikom, którzy zgłaszają najlepsze pomysły. Należy jednak pamiętać, że Kaizen nie jest samodzielną metodą, ponieważ aby działał, musi być połączony z innymi narzędziami.

Kaizen jest wykorzystywany w:

- **Zarządzanie jakością.** Ma ono na celu skupienie się na poprawie jakości na linii produkcyjnej, co jest niezbędne do wyprzedzenia konkurencji i budowania lojalności klientów. W Total Quality Management (TQM), stosowanym przez podejście Kaizen, wszyscy pracownicy są zaangażowani w celu osiągnięcia jakości bliskiej doskonałej, znanej jako zero defektów. Dąży się do ciągłej poprawy wyników, nawet jeśli pierwotne narzędzie jest już skuteczne.

 ## NA CZYM POLEGA METODA ZERO DEFEKTÓW?

Metoda zero defektów postuluje idealną jakość produktów, bez żadnych defektów. W rzeczywistości zero defektów nigdy nie jest całkowicie osiągalne. Prawdziwym celem jest stworzenie kultury, w której pracownicy stale szukają sposobu na zbliżenie się do doskonałości. Koncepcja ta jest częścią szerszej koncepcji: 5 zer, czyli zero czasu, zero papieru, zero zapasów, zero wad i zero awarii.

- **Zwiększenie produktywności.** Kaizen może być stosowany również na poziomie wzrostu produktywności. Łańcuch produkcyjny może zawierać zatory w różnych miejscach, bezproduktywne stanowiska lub zbyt wolne linie produkcyjne. W takich przypadkach można zastosować kilka narzędzi. SMED (Single-Minute Exchange of Die), wywodzące się z Toyota Production System, jest jednym z nich: dąży do skrócenia czasu przeznaczonego na zmianę kalibracji i narzędzi do produkcji innego wyrobu. Skutkuje to podejściem Kaizen, gdyż poprawa produktywności wymaga wspólnej, głębokiej refleksji w zespołach, w celu przeanalizowania i usprawnienia operacji tego typu. Można również zastosować inne narzędzie, zwane just-in-time manufacturing (JIT). W tej metodzie każdy nieukończony produkt powinien być ukończony, a każda sztuka powinna dotrzeć w odpowiednim czasie i w odpowiednim miejscu linii produkcyjnej. Zapobiega to przestojom w produkcji w przypadku braku części oraz pozwala uniknąć pozostawiania dużych ilości części oczekujących na wytworzenie.

- **Poprawa warunków pracy.** Kaizen umożliwia poprawę warunków pracy robotników i pracowników, w szczególności poprzez optymalizację ich środowiska zawodowego. Jest to ściśle związane z poprzednimi zastosowaniami, ponieważ zmiany na stanowiskach pracy często wpływają na – i poprawiają – wydajność i jakość. Ponadto, podejście to pozwala firmom lepiej motywować zespoły i zmniejszyć ryzyko wypadków. Metoda 5 S rozwiązuje ten problem, ponieważ można ją zastosować bezpośrednio na stanowiskach pracy pracowników: *Seiri* ("sortuj"), *Seiton* ("ustawiaj w porządku"), *Seisou* ("błyszcz"), *Seiketsu* ("standaryzuj") i *Shitsuke* ("podtrzymuj").

- **Redukcja kosztów.** Ostatnie zastosowanie Kaizen dotyczy redukcji kosztów wytwarzania. Jest ona wynikiem usprawnień uzyskanych dzięki jednemu z trzech wymienionych wcześniej zastosowań metody.

ZALETY

Kaizen ma wiele zalet. Oprócz tych wcześniej wymienionych, które stanowią istotę podejścia Kaizen, czyli poprawy jakości, produktywności i warunków pracy, metoda ta ma również inne mocne strony.

- Stosowanie Kaizen umożliwia płynne wprowadzanie zmian w zespołach. Członkowie firmy nie są poddawani nadmiernej presji związanej ze zmianami, ponieważ inicjatywa tych zmian pochodzi najczęściej od samych pracowników. Są one zatem łatwiej akceptowane, a pracownicy, czując się doceniani, mają większą motywację do ich wprowadzania w życie.

- Ulepszenia na stanowiskach pracy zwiększają motywację zaangażowanych zespołów. Ten nowy wybuch entuzjazmu może zostać przekazany dzięki nowej sesji refleksji nad doskonaleniem Kaizen. Kaizen zakłada "ciągłe" doskonalenie, co wymaga, aby refleksje mające na celu doskonalenie procesów i produktów były prowadzone każdego dnia.

- Kaizen zapewnia szybkie rezultaty. Zespoły, które bezpośrednio testują drobne usprawnienia, szybciej weryfikują ich przydatność, dzięki czemu ryzyko związane z wdrożeniem nowej maszyny czy nowego oprogramowania jest bardzo niskie.

- Wreszcie Kaizen może być odpowiedzią na konkurencję, a tym samym na zapotrzebowanie na konkurencyjność w firmach, a wszystko to bez angażowania znacznych środków i ogromnych inwestycji.

> *"Poprawiać się to zmieniać; być doskonałym to często się zmieniać."* (Winston Churchill)

PRAKTYCZNE ZASTOSOWANIE

Poszczególne fazy realizacji tego procesu, określane zbiorczo jako "projekt Kaizen", są możliwe dzięki zastosowaniu narzędzi związanych z Kaizen i pochodzących z Toyota Production System (TPS). Podczas gdy większość z nich została już wymieniona, inne przyczynią się do ustanowienia projektu przedstawionego poniżej.

Projekt Kaizen to pojedynczy i bardzo krótki cykl doskonalenia, który po zakończeniu powinien być stale powtarzany. Czas trwania może wynosić od kilku dni do miesiąca pracy, w zależności od złożoności pożądanych usprawnień i wdrożeń. Z tego powodu każdy projekt musi szybko następować po innym, a możliwe jest, że więcej niż jeden odbywa się w tym samym czasie.

ETAP 1: ANALIZA WSTĘPNA

Na tym pierwszym etapie przeprowadzana jest wstępna analiza sytuacji, której celem jest wskazanie punktów do poprawy. Może to być oczywiście jeden z opisanych powyżej problemów, ale nie jest do nich ograniczony; Kaizen skupia się na optymalizacji procedur, nawet jeśli wydają się dobrze funkcjonować, w celu uczynienia ich jeszcze bardziej wydajnymi. Aby zidentyfikować przyczyny, które uniemożliwiają członkom zespołu osiągnięcie jakości zero defektów, właściwe może być zastosowanie diagramu Ishikawy, jak pokazano poniżej:

Diagram Ishikawy

Diagram Ishikawy, zwany również diagramem przyczynowo-skutkowym, diagramem 5 M lub diagramem rybiej ości, jest narzędziem zarządzania jakością wprowadzonym przez Kaoru Ishikawę krótko po II wojnie światowej. Zapewnia on wizualne przedstawienie podstawowych przyczyn problemu w pięciu gałęziach: materiał, metoda, Matka Natura, maszyna i siła robocza.

Po zidentyfikowaniu przyczyn i obszarów do poprawy, konieczne jest przeprowadzenie szczegółowego badania obecnej sytuacji (przy użyciu mierników, liczb referencyjnych itp.) w celu porównania jej z wynikami uzyskanymi po wprowadzeniu zmian. Sprawdzenie, czy wprowadzone do procedur usprawnienia są skuteczne, nawet jeśli zysk może być czasem minimalny, jest niezwykle ważne. W zależności od realizowanego celu można mierzyć następujące elementy:

- **Czas trwania danej procedury.** W tym przypadku może to być czas potrzebny do wytworzenia produktu lub dostarczenia produktu lub usługi (na przykład posiłku w restauracji), który jest przedmiotem badania.

- **Ilości wyprodukowane.** Skupiamy się tutaj na liczbie wyprodukowanych produktów. Miara ta jest obliczana w ściśle określonych przedziałach czasowych.

- **Wskaźniki satysfakcji.** Niezależnie od tego, czy dotyczy to pracowników w ich pracy, klientów w odniesieniu do ich zamówień, czy jakiegokolwiek innego interesariusza w procesie, satysfakcja jest mierzona przed i po projekcie Kaizen.

- **Odrzuty.** Jest to wskaźnik odpadów i liczba odrzuconych produktów (produkty z wadami konstrukcyjnymi, które są przestarzałe lub zostały uszkodzone w fazie projektowania).

- **Koszt.** Tutaj analizowana jest cena kosztowa produktu.

Na koniec wdrażany jest plan operacyjny projektu Kaizen. Biorąc pod uwagę krótki odstęp czasowy pomiędzy rozpoczęciem a zakończeniem Kaizen – ponieważ musi on być zakończony stosunkowo szybko – aktywność ta może być zminimalizowana (w jednym lub kilku działach lub liniach produkcyjnych). Można to porównać do zwinnych metod rozwoju i zarządzania projektami, które polegają na następowaniu po sobie w krótkich odstępach czasu bardzo krótkich cykli, które oferują szybki rzut oka na wyniki pośrednie. W związku z tym pewne etapy projektu, takie jak szczegółowe sporządzanie planu Kaizen, mogą być postrzegane jako zbędne i zbyt czasochłonne, aby je stosować.

ETAP 2: WYBÓR ZESPOŁÓW ROBOCZYCH I KÓŁ JAKOŚCI

Drugi etap projektu Kaizen ma na celu przeszkolenie i przygotowanie zespołów, które będą pracować nad projektem. Chociaż wszyscy pracownicy muszą być choć w pewnym stopniu zaangażowani w doskonalenie, to wyznaczenie zespołu projektowego odpowiedzialnego za sprawny przebieg projektu jest niezbędne.

Filozofia Kaizen zakłada, że w projekcie wezmą udział pracownicy, którzy pracują bezpośrednio przy linii produkcyjnej i produkcie, ponieważ są oni najbardziej zaangażowanymi członkami i często najlepiej znają tajniki swojej pracy. Ponieważ są to osoby, które najlepiej potrafią znaleźć pomysły na usprawnienia, skutecznie osiągną cele Kaizen, czyli szybkie znalezienie sposobów na udoskonalenie procesu w celu wygenerowania jak najmniejszych kosztów. Niektórzy mogą preferować korzystanie z zespołów zewnętrznych konsultantów i inżynierów w celu poprawy efektywności, ale to zupełnie nie odpowiada mentalności Kaizen.

W związku z tym powoływany jest zespół projektowy, który przechodzi szkolenie z zakresu zarządzania personelem i zarządzania zmianą. Zespół ten będzie odpowiedzialny za skuteczne przeprowadzenie projektu Kaizen poprzez zorganizowanie kół jakości, czyli grup pracowników, którzy zbierają się na sesji burzy mózgów, aby przedstawić i omówić pomysły na ulepszenie procedur. W tym celu można wykorzystać mapę myśli, aby przedstawić ich myśli i proponowane rozwiązania w sposób wizualny i prosty.

ETAP 3: REALIZACJA I OBLICZANIE WYNIKÓW

Trzeci krok to wdrożenie projektu Kaizen. Zespoły bezpośrednio stosują zmiany niezbędne do usprawnienia procedur. Podobnie jak dwa pierwsze, ten etap jest bardzo szybki, ponieważ zmiany w nim zachodzące są często niewielkie.

Następnie dokonuje się ponownej oceny zebranych wcześniej (podczas pierwszego etapu) mierników. Ważne jest, aby zmierzyć rozwój i wpływ zmian oraz ewentualnie je dostosować. Można stworzyć wykres zmian, aby łatwo porównać wyniki wprowadzonych zmian z tym, co było pierwotnie planowane.

ETAP 4: INFORMACJA ZWROTNA

Po wprowadzeniu poprawek przychodzi czas na informację zwrotną. Zespół spotyka się ponownie i ocenia ogólny wynik na podstawie zaobserwowanych rezultatów. Należy również zwrócić uwagę na dwie kluczowe kwestie:

* **Nagrody dla najlepszego pracownika.** Ważne jest, aby wskazać i pogratulować pracownikom, którzy wnieśli najlepszy wkład. Chodzi o to, aby zmotywować zespoły do powrotu do cyklu Kaizen poprzez zachęcanie ich do ciągłego prześcigania się, zarówno w celu doskonalenia swojej pracy, jak i poczucia się docenionym na poziomie zawodowym.

* **Zarządzanie zmianą.** Zespół odpowiedzialny za powodzenie projektu powinien komunikować się i prowadzić pracowników tak, aby mieli oni wszystkie elementy, dzięki którym wdrożenie zakończy się sukcesem.

👁 Zarządzanie zmianami

Zarządzanie zmianą obejmuje wszystkie praktyki menedżerskie, które pozwalają na monitorowanie i optymalne komunikowanie zmian w firmie, na wszystkich szczeblach hierarchii. Wsparcie to jest niezbędne, aby wszyscy mogli zaakceptować nowe zmiany. Należy pamiętać, że w przypadku Kaizen zespoły same uczestniczyły w usprawnieniach, dlatego łatwiej zaakceptują zmiany.

KLUCZOWE NARZĘDZIA I METODY W KAIZEN

Istnieje wiele narzędzi i metod, które mogą być stosowane przy podejściu Kaizen. Ograniczymy się tutaj do tych, które pochodzą z Systemu Produkcyjnego Toyoty.

- **SMED** (Single Minute Exchange of Die) to narzędzie do analizy zmian w kalibracji lub narzędziach. Pozwala użytkownikom badać czas potrzebny na zmianę narzędzi dla każdej fazy produkcji i ograniczyć go do maksymalnie 10 minut (termin "single minute" oznacza "okres czasu w minutach składający się z jednej cyfry", tj. od jednej do dziewięciu minut). Celem jest produkcja różnych produktów lub materiałów – o różnych cechach, w szczególności pod względem rozmiaru – przy jednoczesnym dalszym korzystaniu z tej samej maszyny, która w związku z tym będzie wymagała ponownej kalibracji.

- **Metoda 5 S,** na którą składają się *Seiri* ("sortować"), *Seiton* ("ustawiać w porządku"), *Seisou* ("błyszczeć"),

Seiketsu ("standaryzować") i *Shitsuke* ("podtrzymywać"), pozwala użytkownikom lepiej zarządzać warsztatami, przestrzeniami roboczymi i przerwami pracowników. Celem jest lepsze zorganizowanie przestrzeni zawodowej, aby poprawić warunki pracy zespołów.

- **Kanban** to japoński termin oznaczający etykietę umieszczoną na partii części w linii produkcyjnej, która wraca do punktu wyjścia, gdy wszystkie części zostaną wykorzystane. Narzędzie to jest wykorzystywane w przepływie produkcyjnym typu "shot", co oznacza, że produkcja czeka lub jest ponownie uruchamiana ("shot"), gdy wszystkie wcześniej wysłane części zostaną wykorzystane dzięki Kanban.

- **PDCA,** czyli Plan, Do, Check and Act, to cykliczna metoda poprawy jakości, podobnie jak Kaizen.

- **TQM (Total Quality Management)** to koncepcja zarządzania jakością, której celem jest zaangażowanie wszystkich członków firmy w poszukiwanie jakości, poprzez unikanie marnotrawstwa i odrzutów, aby osiągnąć zero defektów.

- **TPM (Total Productive Maintenance)** to proaktywna metoda zarządzania narzędziami pracy w linii produkcyjnej, która zachęca pracowników do przewidywania i rozwiązywania własnych problemów z używanymi maszynami.

- **Just-in-time (JIT) manufacturing** to metoda zarządzania produkcją, która preferuje system organizacji, w którym żadna część (potrzebna do produkcji przyszłego produktu) nie jest przechowywana z wyprzedzeniem. Zamiast tego, każda część dociera do miejsca projektowania, we właściwym miejscu i czasie, tak aby mogła być natychmiast wykorzystana. Technika ta, która szczególnie dobrze łączy się z metodą Kanban, pozwala użytkownikom na redukcję zapasów, ponieważ produkcja rozpoczyna się dopiero wtedy, gdy pojawia się zapotrzebowanie.

- **5 zer** to koncepcja zarządzania jakością opracowana przez Toyotę. Postuluje ona idealną jakość w linii produkcyjnej (zero czasu, zero papieru, zero zapasów, zero awarii i zero wad).

ZALECENIA

- Ponieważ jest to proces ciągły, zaleca się, aby nie zatrzymywać się po wprowadzeniu pierwszych zmian, ale stale kwestionować ustalone procedury.

- Ponieważ wszyscy pracownicy muszą uczestniczyć w projektach ciągłego doskonalenia, kierownictwo musi zapewnić ich motywację. Zależy to w szczególności od kultury firmy, dlatego pracownicy powinni być ściśle monitorowani, zarówno przez menedżerów liniowych, jak i dział HR.

- Ponieważ kierownicy i zespoły projektowe muszą zapewnić, że wszyscy uczestniczą i pozostają zmotywowani, powinni zostać przeszkoleni w zakresie Kaizen, zarządzania zespołem, zarządzania dyskusją grupową i prowadzenia kół jakości.

- Ponieważ ważne jest, aby wyznaczyć jasne i osiągalne cele, istotne jest, aby dokładnie zmierzyć je przed i po zmianie.

- Ponieważ celem jest maksymalizacja wyników, być może warto zaangażować pracowników o różnych umiejętnościach, tak aby każdy wzbogacał dyskusje dzieląc się własną wiedzą.

STUDIUM PRZYPADKU: THE TOKYO DELIGHT

Nasze badanie skupia się na japońskiej restauracji założonej w centrum miasta, The Tokyo Delight. Jest to mała rodzinna firma, w której panuje spokojna japońska atmosfera, oferująca posiłki do spożycia w lokalu lub na wynos. Restauracja działa od kilku lat i nie ma większych problemów finansowych, ale doświadcza pewnych powtarzających się trudności, zwłaszcza w kuchni. Niektórzy asystenci nie są w pełni zadowoleni ze swojej pracy i skarżą się między innymi na panującą tam złą atmosferę. Na razie nie podjęto żadnych kroków, aby rozwiązać ten problem, ponieważ menedżerowie uważają, że wszystkie restauracje cierpią z powodu tego typu problemów. Syn menedżera, który aspiruje do przejęcia restauracji za kilka lat, chce jak najszybciej uporać się z problemami i poprawić funkcjonowanie lokalu.

Kaizen doskonale nadaje się do tej sytuacji, ponieważ polega na skorygowaniu pewnych niewielkich istniejących problemów w ramach rodzinnej firmy, która w sumie działa dobrze.

Etap 1: Wstępna analiza The Tokyo Delight

Zaczniemy od przyjrzenia się problemom, z jakimi boryka się placówka. Dzięki diagramowi Ishikawy menedżerowie są w stanie zidentyfikować przyczyny i skategoryzować je.

Po zidentyfikowaniu głównych problemów można przystąpić do realizacji projektu Kaizen. Menedżerowie mają nadzieję rozwiązać jak najwięcej problemów, mając na celu poprawę zadowolenia pracowników, co ma wpływ na zadowolenie klientów. Na przykład, brak miejsca (zidentyfikowany podczas sporządzania diagramu Ishikawy) powoduje zatłoczenie w kuchni, co z kolei prowadzi do wydłużenia czasu oczekiwania klientów. Zespół kelnerów zmuszony jest do gry na czas w trakcie oczekiwania na klientów, co regularnie potęguje ogólne napięcie.

Drugim krokiem jest zmierzenie, ilościowo i jakościowo, aktualnych problemów, aby później móc porównać dane. Nie wszystko zostało tu uwzględnione, gdyż np. problemu z zatkanymi zlewami nie da się zmierzyć.

Na koniec powstaje plan operacyjny dla projektu Kaizen. Tutaj jest on ograniczony do jednego tygodnia:

- **Dzień 1:** Wstępna analiza, obliczenie zaopatrzenia menu i czasu przygotowania, badanie satysfakcji klientów i pracowników.

- **Dzień 2:** Utworzenie koła jakości, burza mózgów w celu określenia głównych pomysłów na poprawę.

- **Dzień 3:** Wdrożenie usprawnień i obliczenie wstępnych wyników.

- **Dzień 4:** Wdrożenie usprawnień i obliczenie wyników.

- **Dzień 5:** Zakończenie wdrażania usprawnień i obliczanie wyników końcowych. Debriefing, nagroda dla najlepszego pracownika i informacja zwrotna.

Etap 2: Wybór zespołów roboczych i kół jakości

Drugi etap polega na wyborze zespołów roboczych. Zazwyczaj w restauracji jest tylko dwóch menedżerów, którzy często są zajęci w kuchni, dwóch pomocników kuchennych i dwóch kelnerów w jadalni. Tymczasem syn menedżera zajmuje się kasą fiskalną, zamówieniami i dostawami na wynos. Ponieważ wszyscy są zaangażowani, łączą się w jeden krąg jakości. Ambitny młody człowiek, po zainicjowaniu projektu, szkoli się w technice Kaizen, aby projekt dobrze się rozwijał.

Po intensywnej sesji burzy mózgów, zespołowi udaje się w końcu wymyślić zestaw środków, które mają poprawić sytuację. Niestety, nie wszystkie problemy zostają rozwiązane; zostają one po prostu odłożone na następny projekt Kaizen. Poniżej znajduje się lista proponowanych rozwiązań, posortowanych na podstawie kategorii w diagramie Ishikawy.

Etap 3: Realizacja i obliczanie wyników

Trzeci etap to sedno projektu. Po zidentyfikowaniu usprawnień, pozostaje tylko je zastosować. Ponieważ są to małe zmiany inkrementalne, a nie duże innowacje, trzy dni na wdrożenie będą więcej niż wystarczające.

Następnie przychodzi czas na obliczenie wyników. Zbieranie danych może trwać kilka dni. Aby uprościć ten proces, w tej części przedstawiono podsumowanie uzyskanych wyników.

Etap 4: Debriefing i informacja zwrotna

Wreszcie, The Tokyo Delight może rozpocząć czwarty i ostatni etap swojego projektu Kaizen: fazę debriefingu. Wyniki pokazują, że satysfakcja pracowników wzrosła o 30%. Jest to jeden z głównych celów podejścia Kaizen. Właściciele restauracji musieli odłożyć na bok niektóre obszary do poprawy, ale zostaną one omówione później w innym projekcie. Jest nadzieja, że ta restauracja wkrótce rozpocznie nowy cykl doskonalenia, aby stale podnosić jakość swoich usług.

Należy jednak zauważyć, że w tym przykładzie, przy stosunkowo niewielkim cyklu zmian i zakresie poprawy, nie było potrzeby udzielania pracownikom wskazówek i wsparcia. Nadal jednak ważne jest, aby pogratulować każdemu z nich i podziękować zespołowi za zaangażowanie. Jak wcześniej wspomniano, wynikająca z tego motywacja jest niezbędna dla powodzenia przyszłych cykli Kaizen.

Wniosek

Jak widzieliśmy, Kaizen można zastosować do bardzo prostego przykładu, takiego jak ten, który wybraliśmy.

Chociaż metoda ta może być stosowana w większości przedsiębiorstw, musimy pamiętać, że kultura firmy w dużym stopniu przyczynia się do sukcesu projektu Kaizen.

Podczas gdy napotkane problemy były dość ogólne i mogły zostać podsumowane jako jeden ogólny problem satysfakcji pracowników, diagram Ishikawy pozwolił na zidentyfikowanie poszczególnych elementów problemu. Poprzez uwypuklenie przyczyn, a przede wszystkim jasne ich przedstawienie, krok ten zapewnił solidną podstawę do pracy. Do tego dochodzi konieczność monitorowania etapów przez cały czas trwania pro-jektu, aby przebiegał on bez zakłóceń. Jeśli po pierw-szym projekcie Kaizen nadal nie uporano się z kilkoma punktami do poprawy, możliwe będzie wymyślenie odpowiednich rozwiązań podczas kolejnego Kaizen. Na przykład, w przypadku braku przestrzeni kuchennej w The Tokyo Delight, dobrym pomysłem może być zmiana aranżacji przestrzeni wszystkich osób, aby pracownicy nie wchodzili sobie w drogę. Ważne jest, aby pamiętać, że poprawa musi być ciągła.

OGRANICZENIA I ROZSZERZENIA

OGRANICZENIA I KRYTYKA

Chociaż Kaizen ma niezaprzeczalne zalety, stał się przedmiotem kilku krytycznych uwag. Głównym zarzutem wobec tego podejścia promującego raczej doskonalenie niż innowacje jest fakt, że nie rozwiązuje ono wszystkich problemów: ciągłe doskonalenie produktu poprzez przyjęcie za punkt wyjścia tego, co już zostało zrobione i zmienione, nie pozwala na poprawienie wszystkiego. Czasami trzeba zacząć od zera i przeprojektować cały proces, aby pracować w oparciu o solidne podstawy.

Do innych krytycznych uwag na temat tego podejścia należą:

- Podczas gdy Kaizen pozwala na płynne usprawnienia, należy być ostrożnym wobec zmian, które są "zbyt płynne". Jeśli firma jest w tyle za swoimi konkurentami pod względem oferowanych produktów i usług, małe ciągłe usprawnienia nie wystarczą, aby szybko odzyskać udziały w rynku. Jeśli na przykład konkurent wprowadzi na rynek nowy, rewolucyjny typ produktu, prawdopodobnie trudno będzie zastosować Kaizen do produktów, które w rzeczywistości stały się przestarzałe, aby uczynić je ponownie konkurencyjnymi.

- Podejście to wymaga silnej motywacji, a tym samym pełnego udziału wszystkich zaangażowanych osób. W

Japonii pojęcie kultury firmy jest pod tym względem znacznie bardziej rozwinięte, a relacje między pracownikami a kierownictwem są ścisłe i formalne. Zaangażowanie pracowników jest spontaniczne, dlatego też koncepcja ta odnosi tam sukcesy. Na Zachodzie ta zasada nie zawsze jest stosowana. Jeśli jest stosowana, może być konieczny program nagród i zachęt, aby zapewnić sukces projektu Kaizen.

- Wreszcie, Kaizen może być kwestionowany z etycznego punktu widzenia, jeśli jest stosowany niesprawiedliwie. Wdrożenie Kaizen w przedsiębiorstwie może, poprzez usprawnienie łańcucha produkcyjnego, wzrost produktywności i wzrost konkurencyjności, doprowadzić do wewnętrznej reorganizacji (zwolnienia pracowników, itp.). Jest to niesprawiedliwy podział korzyści płynących z Kaizen. Logicznie rzecz biorąc, jeśli firma staje się bardziej zamożna, powinna zapewnić lepsze bezpieczeństwo zatrudnienia. W praktyce jednak często dochodzi do sytuacji odwrotnej: likwidowane są stanowiska, które stały się bezużyteczne, co prowadzi do zwolnień pracowników lub ich przesunięcia na nowe stanowiska, bardziej odpowiadające ich umiejętnościom.

POWIĄZANE MODELE I ROZSZERZENIA

Kaizen jest często porównywany do dwóch japońskich modeli: Kaikaku, narzędzia opartego na innowacji, służącego do wprowadzania radykalnych zmian, oraz Hoshin, narzędzia szybkiego wdrażania opartego na Kaizen. W szerszym ujęciu Kaizen może być również omawiany obok tayloryzmu i fordyzmu, dwóch typów organizacji pracy.

Koncepcja Kaikaku

Do poprawy jakości stosuje się również metodę Kaikaku, która podobnie jak Kaizen wywodzi się z Japonii. Jej nazwa, powszechnie tłumaczona jako "radykalna zmiana" w procesie (często w produkcji w celu zwiększenia efektywności), nie odzwierciedla już dążenia do ciągłego doskonalenia, ale do głębokiej innowacji. Chociaż obie filozofie są podobne (w tym, że obie opierają się na doskonaleniu), Kaikaku nie jest metodą ciągłą, ponieważ zmiany są wprowadzane i kończone w ramach konkretnego projektu i z myślą o konkretnym celu.

Podejście Hoshin

Oznacza "zarządzanie kierunkiem", proces Hoshin jest stosunkowo podobny do Kaizen, z tą różnicą, że jest ograniczony w czasie. Hoshin, zwany również Blitz Kaizen ("błyskawiczne Kaizen"), opiera się na bardzo konkretnych zmianach strategicznych, które są wdrażane bardzo szybko. W większości przypadków celem jest odpowiedź w ograniczonym czasie na znaczącą konkurencję. System ten różni się od Kaizen przede wszystkim sposobem podejmowania decyzji, który nie odbywa się już w grupach upełnomocnionych pracowników, ale na szczeblu kierowniczym.

Tayloryzm

Tayloryzm to naukowa organizacja pracy pochodząca ze Stanów Zjednoczonych, w której metody i ruchy pracowników są badane i precyzyjnie mierzone w celu ich optymalizacji. Opracowany przez Fredericka Winslowa Taylora pod koniec XIX wieku, na długo przed powstaniem koncepcji Kaizen, system ten dąży do zwiększenia zysków poprzez optymalizację wydajności i poprawę warunków pracy pracowników. W praktyce oznacza to, że każdy pracownik pracuje nad prostymi, standardowymi i powtarzalnymi zadaniami.

Fordyzm

Biorąc swoją nazwę od amerykańskiego przemysłowca Henry'ego Forda (1843-1947), ten system organizacji pracy oparty jest na postulatach tayloryzmu i został zastosowany w fabryce Forda w momencie jej otwarcia w 1905 roku. Praktycznie zarzucony obecnie, w tamtym czasie miał na celu masową produkcję standaryzowanych produktów (takich jak słynny Ford Model T), co skutkowało pracą w linii i w konsekwencji wyższą wydajnością. Warunki pracy pracowników Forda były zawsze ciężkie i trudne do poprawy; jedynie wynagrodzenie mogło służyć jako źródło motywacji.

PODSUMOWANIE

- Kaizen to proces ciągłego doskonalenia wprowadzony przez Taiichi Ohno, japońskiego inżyniera, który jest uważany za ojca Toyota Production System. Filozofia ta postuluje zarządzanie jakością, redukcję odpadów i usprawnienia w produkcji.

- Metoda Kaizen może być stosowana w większości firm, pozwala na szybkie i minimalne usprawnienia w stosunkowo krótkim czasie i przy ograniczonym budżecie.

- Jednym z najważniejszych warunków powodzenia projektu Kaizen jest motywacja i udział wszystkich pracowników w projekcie. Pracownicy, którzy są bezpośrednio zaangażowani, powinni być głównymi uczestnikami projektu Kaizen i poszukiwania odpowiednich rozwiązań.

- Zastosowania procesu w biznesie obejmują następujące zagadnienia:

    - poprawa jakości;

    - eliminacja odpadów;

    - zmniejszenie kosztów produkcji i konserwacji;

    - zwiększenie produkcji;

    - poprawa warunków pracy.

- Kaizen pozwala użytkownikom na wprowadzanie ograniczonych i płynnych zmian, co zmniejsza presję odczuwaną przez pracowników. Inne zalety to szybkość, z jaką stosuje się usprawnienia i uzyskuje wyniki. Kaizen pomaga również utrzymać motywację zespołu i uniknąć jak największego ryzyka (finansowego i technicznego), ponieważ długie i czasami niepewne innowacje są automatycznie eliminowane. Wreszcie, udany projekt Kaizen polega bardziej na aktywnym udziale i pozytywnym nastawieniu pracowników niż na inwestycjach finansowych.

- Krytycy podejścia zwracają uwagę na brak innowacyjności zmian, konieczność silnej kultury firmy oraz niekiedy niesprawiedliwy podział zysków z Kaizen (aspekt społeczny).

- Kaikaku, czyli "radykalna zmiana", to koncepcja, która przyjmuje podejście przeciwne do Kaizen. Koncentruje się na głębokich innowacjach, a nie na małych usprawnieniach.

- Wreszcie Kaizen jest podejściem, które do działania potrzebuje innych narzędzi. Te, często wywodzące się z Toyota Production System, działają na poziomie zarządzania jakością, logistyki just-in-time, reorganizacji miejsc pracy czy konserwacji maszyn.

DALSZE CZYTANIE

BIBLIOGRAFIA

Agence Nationale pour la Promotion de l'Innovation et de la Recherche au Luxembourg (2008) *Diagramme d'Ishikawa = diagramme cause-effet.* [Online]. [Dostęp 15 lutego 2017]. Dostępny w: < http://www.innovation.public.lu/fr/inno-ver/gestion-innovation/resolution-probleme/diagram-meishikawa-fr.pdf>

Chaoui, K. (2004) *Le concept-clé du zéro défaut en qualité.* Annaba: Badji Mokhtar University.

Charraud, P. (2009) *Le Kaizen du service pièces en concession.* Paryż: Télécom ParisTech.

Granger, R. (2016) Les 5S: Seiri, Seiton, Seiso, Seiketsu, Shitsuke. *Manager GO!!!* [online]. [Dostęp 25 maja 2015]. Dostępny w: < http://www.manager-go.com/manage-ment-de-la-qualite/methode-5s.htm>

HenryFord.fr (Bez daty) *Toyotisme.* [Online]. [Dostęp 25 maja 2015]. Dostępny w: < http://www.henryford.fr/fordisme/toyotisme/>.

Hohmann, C. (bez daty) Kaizen amélioration continue. *Christian Hohmann.* [Online]. [Dostęp 25 maja 2015]. Dostępny w: < http://christian.hohmann.free.fr/index.php/lean-en-treprise/lean-management/289-kaizen-amelioration-continue>

Hohmann, C. (bez daty) La méthode SMED. *Christian Hohmann.* [Online]. [Dostęp 25 maja 2015]. Dostępny w: < http://chohmann.free.fr/lean/smed_fr.htm>

Ishikawa, K. (1984) *La gestion de la qualité*. Paris: Dunod.

Kamata, S. (2008) *Toyota, l'usine du désespoir*. Paris: Demopolis.

Liker, J. (2012) *Le modèle Toyota*. Paris: Pearson Education.

Ohno, T. (1990) *L'esprit Toyota*. Paris: Masson.

Ohno, T. i Mito, S. (1992) *Présent et avenir du Toyotisme*. Paris: Masson.

Porter, L. J. i Parker, A. J. (2006) *Total Quality Management. Krytyczne czynniki sukcesu*. Bradford: University of Bradford Management Center.

Processus Qualité (Bez daty) *L'approche Kaizen*. [Online]. [Dostęp 25 maja 2015]. Dostępny w: < https://processus-qualite.wordpress.com/lapproche-kaizen/>.

Régol, O. i Bélanger, R. P. (2003) *Le Kaizen : ses principes et ses conséquences pour les ouvriers et syndicats*. Montreal : Les cahiers du CRISES.

WIDEO

Lean = Kaizen + Szacunek. (2012) [Video]. Michael Ballé. Institut Lean France. Dostępny w: < https://www.youtube.com/watch?v=OfswK6ebrt8>

Lean Services : origines et bénéfices. (2013) [Video]. Marie-Pia Ignace. Institut Lean France. Dostępny w: < https://www.youtube.com/watch?v=aRQI9JAI-I4>

Chcemy usłyszeć od Ciebie, co się dzieje!
Zostaw komentarz na temat swojej internetowej biblioteki
i podziel się swoimi ulubionymi książkami w mediach społecznościowych!

Master ISBN : 9782808066556
Papierowy ISBN : 9782808069342
Depozyt prawny: D/2022/12603/155

Projekt cyfrowy: Primento – cyfrowy partner wydawców.